DEVENIR POESÍA
Número 341
Colección dirigida por Juan Pastor

ISABEL REZOLA ZENOZ

LO INCONMENSURABLE

POESÍA

Devenir

Madrid, 2025

Primera edición, noviembre, 2025

Diseño: José Ramón Ballesteros de Diego

© Isabel Rezola Zenoz
© De la presente edición:
Fundación Devenir. Poesía y Ensayo
Apartado de correos número 5
28991 Torrejón de la Calzada (Madrid)
Teléfono: 918 169 210
Dirección de correo electrónico: pastorj@telefonica.net
Página web: www.devenir.es

ISBN: 978-84-18993-42-8
DEPÓSITO LEGAL: M-26395-2025

Impreso en Imprenta Kadmos
Salamanca
IMPRESO EN ESPAÑA - PRINTED IN SPAIN

Sol,
un poco de humedad
y unos ojos mirando
hacen el arcoíris.
DE RAFAEL CADENAS

EL PREMIO

El llanto no sabe por qué llora,
se observa en emoción sorprendido
en ese espejo de ascensor,
lago que en vertical moja
donde no puedo mirarme sin mirarte a ti.
Llorar da significado
a lo que brota en nuestra muestra de cariño,
en él, traigo amor entre las compras
y en humor en papel envuelto del revés,
besos para acabar en tu boca.
En la alfombra de tu puerta
soltaré la lágrima perdida
a la espera de que al aparecer
del otro lado,
yo misma me declare
el premio a tu consolación.

NIEVE

El cielo tiene color nieve,
el dia, tambien la noche.
Presente en la intemperie un abismo
que llama al sereno a que llegue,
se dan lugar hacia el fondo de las nubes
donde las nieves se hacen
templando cayendo;
protegen con su muda caricia.

Dos desconocidos sonríen en una esquina,
parece que irá a nevar todo el gris del cielo.
Vueltas de copos airados
en la tempestad que llega,
con las primeras volutas
arderá la leña.
Tendría que templar y nevar lo indecible
y en invierno rujiente, aparezca silenciosa
nuestra escondida hermosura
de blanco iluminada.

DETRÁS

Detrás del silencio, un deleite;
asombrarse descubierta,
reparo de estribos en yunque,
quietos los martillos.
El espacio se hace Dios
en tales ocasiones aparecido
y la idea de gozo se presenta alentadora,
posible, cierta.
Cierto éxtasis sencillo
de eso que ruega hacerse paréntesis íntimo
de nada sin ruido. La misma contemplada.
Película muda, hubo que llenarla de músico sonido,
salpicada de notas y puesta en escena
de hágase el tacto, roce que vibra,
da tono y corta el aire.
Mientras silencio, se rueda.

SUR

Por viento sur borrón de nubes,
hojas secas en verde, cruje el envés,
su ruido llama ir a por él
y a empujar dirección norte.
En túneles de caracol voy
a tientas hecha una curva,
a curtirme al cierzo hoy
con el sur a las espaldas,
hecho viento violento en agrisado cielo.
Sur, siendo espíritu que sobre las almas vuela,
hasta posar como aliento de lo divino.

CONOCERNOS

Noche, coches, carretera,
perro pillado arrastra sus patas
a la orilla de la calzada,
dolor y agonía, mientras lo vi todo
en espera del bus que se fue sin mí.
A la alarma de grito animal
saliste de tu morar a la ayuda
y tu y yo ayudándonos a pasar el mal trance,
nos reconocimos.
Perro mal herido, policía lo lleva a su fin.
Todo provoca al amor
que con sus gestos mitiga el sufrimiento un poco
y, compartido el drama humano y perro
nos dimos las manos que sostenemos.

FUGAZ

Fugaz es el rato que se tiene entre manos
conteniendo inciertas las promesas hechas,
echadas a hombros del que las sueña
sin apenas empezarlas.
La energía corresponde al empeño, las ganas al orgullo,
su mecanismo de acción es atemporal,
hace esperar a la prisa
y sin pausa el rato continúa,
las manos se mueven buscando algo palpable,
algo concreto que hacer y las calme,
hacen lo que pueden.

Al tiempo te vas,
está echado el rato al agrado de la suerte,
se hizo la vida que avanza a la orilla
camino al borde, donde
levantas velas y vista al poniente sol
que en horizonte se guarda tras su línea
a la que llegaste por el mar.
Descansa en paz y en tu azul de marino mirar
hacia un interior dispuesto y maternal.

NEUTRO

En lo neutro y anodino,
en el tramo de escalera,
entre planta y planta que en ascensor llega
o en el transbordo que ya viene,
se encuentra lo que importa.
En lo común indiferente es la espera del que duerme,
mas lo común guarda la maravilla,
la siete, una octaba, la novena
que en décimas espera.
Hito, hálito que sostenido se aprecia
la sola presencia sin nada.

BESO

Besas cerca de la herida para no molestarla
y a mí se me antoja la dicha
entre el detalle del beso
y el don de poner los labios
de reclamo amoroso de todos los tiempos,
donde sin sabernos
reconocíamos las ganas de tenernos,
por un existo de postal
perdidamente guardada.
Así asome lo viril
en la facilidad que el mimo nos dejará ver
al ser animal humedecido
por nosotros mismos al rozarnos.
Al término verbal de esto
de amar, ser y vivir,
no quites ni pongas nada,
date al lirismo de mis brazos
para en los tuyos sofocar el calor que acumulan mis
      entrañas,
desapareciendo ambos de un gesto
al mezclarnos.

MADRE

Qué leche bebí que me sabe buena la vida,
la madre del mismo cansancio sacaba fuerzas
de un pozo claro,
malabar matemática, instinto confiado,
ella juraba con el rezo a Dios
la lealtad a la vida que se nota que hace mella
en cualquier hendidura
por donde se cuela el sol.
Qué combinación bajo cuanta falda
de energías que mojan
dan sustento a la forma en la que pienso
y la forma se haga verso o sólido tacto
donde aparecéis todos los del cuento.
La carne es verbo por sus actos
y en amamanto de ama a lamidos,
unen la piel y la piel y el suave tacto
en bellos arrumacos, que crecen
y más tarde descansan
en la tapada y oscura horizontal
del lecho de quien ama.

LABORES

Orden en la caja de los hilos,
cada color en su carrete,
cada aguja pinchada en una bola
hecha como un fetiche,
las tijeras afiladas bien guardadas,
el metro en un rollo y el dedal por algún lado,
otros líos de hilos anudados
pero arreglo al fin y al cabo.
Cuando las sombras se alarguen esta tarde
yo las vestiré mostrando el esplendor
de un ocaso cercano al fondo,
ahí donde el otoño se parece a la primavera
unos instantes antes de que desaparezca en el invierno
y una niña más adolezca su infancia,
que desvanece y al mismo tiempo
los pies le crecen y avanzan a ritmo constante,
uno, dos.
Niña que ligera pasea en días de nubes bajas
y espera a la lluvia a que empape su alma
en un final feliz, cuando el sol aparezca por fin
con sus sombras vestidas de gala.

ESTÍO

Servirme del verdor,
refresco de piel boca arriba,
en árbol fuerte busco apoyo
a la sombra de su frondosa merced,
bebo de la copa de su bosque.
Aligerar de un corazón que acelera
a un corazón con alas de pulmón,
tomando el aire alejado
y así sepa limpio. Calmo.
Al rato flotar, undirse y flotar,
gozo de río abajo en la tarde caliente
y una sorpresa de peces me besa la piel.
Entre árboles un libro,
solo las hojas hablan.
Todo detalle, cualquiera,
reclamaba ser visto.

ORILLAS

Yéndome al mar,
volverme a mirar la ciudad,
en la arena que pisar hundir los pies,
acelerar el tacto a su contacto
a lo que es lo mismo
y reconocerse en la abundante vida
al emanar en el recreo de formas y colores
que este empuje vivido por todos nos deja ser.
Porque rezumo deseo y tantas cosas que no sé,
me hago capaz en sostenerme,
y vivo en la madre del amor hermoso.

AMOR DE BASE

Está el amor de base
y no sé qué será al verte,
los ojos en el mirar
recorrerán el gesto
parte a parte
a lugares de desnuda intención
de nada en apariencia
con tanta emoción
liberada al acogerte.
Esto será el todo
por nuestro lado
y el todo en lo que sea
a la luz al destaparte.

ÍCARO CAE

Cada caída como un aviso llega,
con las palmas en suelo brusco,
duro un instante antes
de que mi cuerpo quede en la piedra.
Mis rodillas como un poema,
mi esqueleto aturdido,
si no atendía al momento
la brusquedad manda al traste lo rodado.

Resisto en mudo, aparece el miedo que me amedrenta,
y le amedrento para que me deje a solas.
La gota sujeta con sorbo de aire, empañados los ojos,
escribiré para mitigar al enemigo
que cierne sobre quien sin alertar, olvida.

Reanudo la marcha,
aleteo hacia la tarde
y de noche busco el sosiego.
En la calma del cansancio
el mirar se me cierra al olvido de todo lo pasado,
ya me entrego al celeste azul nocturno.

Reparar el daño,
velar como un ángel que un Ícaro quiso
surcando en sigilo,
me guardo en su manto alado.

El cuerpo se me va al son de la risa,
río por no herirme en el drama,
digo con el gesto,
muevo lo que el suspirar provoca,
me ofrece un sonreir de ojos y labios
mientras levantan una clara sonrisa.

De qué está hecho este reír que no parece sensato,
un pez globo se desinfla
y lo que a mi vida atañe apareciera ligero.

Al aire ya sosegado, un arrullo en su cobijo,
abrigo de ilusiones que ronronean
haciéndose hueco entre unos hombros
que surcan hacia el abrazo,
en tan largos brazos que todo lo acogen
y abarcan el mundo que en la tierra duerme.

Un trance de amor como oración,
oración como respeto,
roto el hueco silencio sin haber lloro
y la ilusión es puro etéreo.
Si a la risa y su son dibujada en cualquier rostro
que nace en cada intento.

IDEACIÓN

La alegría se presenta en los labios
tras muchas soledades,
días solitarios pero más de invierno
y en ello saberlo estar.
Olas invaden el asueto del sábado,
aquel en el que descansar pensaba ser un oasis,
bebida de la calma y su silencio.
Van oleadas de amor sin abrazo ni carne,
y más besos dichosos al aire de mi lado a mi lado
o lo que siento entre cadera y cadera,
hombros, pecho, corazón en medio
también.
Pruebas superadas con la crecida del amor,
pues no sé cómo llamarlo y debería serlo, o más, más.
La idea es concepto y concebirse es amor,
encarnarse de su verbo en el amar.
Será lo que se mueve, por quien lo das,
lo que colma un corazón.
Dejarlo en amor, siempre será mejor que su ausencia
aunque quede en mera evocación,
e invocarlo es lo siguiente
y a que se cumpla el plan en la tierra en paz.
Ya habrá sido el amor y su portento,
incluso el rojo, o el más níveo al azul,
pues de él nacimos y en su sustrato madre
listos acabamos de empezar.

ASOMBRO

Sin conceptos se acalla la palabra del poeta,
con el cuaderno abierto
y no hay escritura que valga un cuento.
Se queda mudo en su viaje de cometa,
con el viento a su favor
y la lluvia sin tormenta.
Su deseo es un tierno abrazo
de extremo a extremo al oriente
donde sus oídos zumban consejo
esbozado en un bien de sonrisas.

PLUMA

Se me ponen las plumas de punta
y en blanco me viste el alma
que atónita vive por su amada constancia.
Por lo que entiendo, la realidad de las cosas se aligera
y en el aire me elevo,
la perspectiva es *fenómena* y certera,
abarco un ancho de cómo son las cosas,
menos reales, más relativas.
Aun doliendo castigos o peleas,
aun perdida la guerra que me has dado,
que os dan y que yo os he dado,
las lágrimas acaban
y con ellas hago más ligeras construcciones,
menos feos los deseos, las pasiones.

ANTICIPO

Cualquier deseo repetido
con las ganas de su costumbre,
es a la luz arrojado,
queda mudo en su desnudez vacía
y la inercia recoge su caída
que en montaña rusa vuelve a su ciclo
de pelota descarada.
Llega la impaciencia apenas esperada,
se pronuncia el taco cuadrado;
madera dura que invoca al viento a que barra
o queme lo ansiado.
A solas tú y la nada,
os dais la mano en paz, la paz de madrugada,
dicho, hecho terminado.

TACTO

Un fuerte abrazo
y la sonrisa brota
en el aprieto de tus brazos.
El latir se te siente,
las sienes se aligeran,
el pelo que se eriza.
Esto forma un valle
entre las caderas
donde trotan contentas
las yeguas y las vacas.
Alejados los cuerpos
nos quedará la huella,
el tiempo del espacio
en el hueco de las manos.

CICLO

Qué objeto, qué sujeto
si tan solo es la acción la que sucede,
la que marcada queda.
Con el dedo corazón
pillado en la puerta de la anticipación,
y el ser, tan vulnerable
como cualquiera en el descuido de no pensarse,
ser que queda separado
hasta el grito que duele
al darse cuenta de no contarme,
descuido de lo que acaso soy,
amor.
De esta forma brusca salgo de mi recinto
a un diámetro mayor.
Mientras va y se deshoja la estación,
la hoja y el calendario
en grandes puntadas al hilván pobre de la memoria.
Mientras que, con la caída
en el sentido curvo de la luz, bajar la barrera que
      nos separa,
meterse en el más ahí de lo creído
y tirar lo que aprendimos
para volverlo a componer con escarmiento
y otra vez hacia su olvido.

ANIMAL

Saco el animal que debo ser
y la intuición y su nariz
acercan más y hasta la boca
el aroma tibio de la piel
vuelta al sol,
evapora su agua en esencia en su raíz.
Compruebo asombro
en ligeras sienes y frente al despejar,
su ceño y miopía sanar.
En vías de la fraterna amistad
entre mi bestia de verde al acunar
mas la cabeza, entre hombros rodar,
sobre la hierba tumbar.
Soy madre de ambas y me dejo amar.

CAMPO ABIERTO

Dejar que me inunde,
sacar la cabeza para besarte
y en un mar de lenguas como delfines retozar,
en trémulas ondas marinas
por su sal y sudor,
pálpitos de corazones en sus miembros a notar.
El sosiego de esto es valerlo todo,
entre el encuentro, entretén y reposar,
posar las sensaciones en alas de la amistad
que luego queda en el a veces del *wassap*

A la próxima vez que yo te vea
meterte mano bajo mesa quedará.

Quitar los topes y botones
dejará más tarde tu torso al descubierto
y un aliento entre labios
te dara el aliento necesario
para transformar tu pena en liviano gesto.
Entre el intrincado pasado traído ahora,
mas tu transformador de energía desafiante por
        lo futura y abierta,
permíteme sostener un tiempo
la aflicción en alegría.
Hacia campo abierto te desafío,
mi vida.

ULTRAMAR

Ultramar de tan lejano océano,
color marino en lo profundo
y al ascenso aspirar en bocanada honda
lo rico del aire que me alivia de la muerte,
me sostiene a flote
o de pie.
Tan hondo es el misterio que se me olvidó quién era
y el ser se me posó delante
al transcurrir la tarde y escuchar el cuerpo
en el vaivén del aire al respirarme.
Ultramar que surca hacia levante,
color marino que él mismo navega a poniente,
en ondas de agua
al viento que se mece a sí
y turba con violencia
para que se mueva todo lo que estaba estanco,
inerte y apesadumbrado
por lo que ahí fuera pasa,
fuera de sí.

CORAZÓN PÁJARO

Quise irme a qué lugares,
adiós a lo vivido
hacia un tiempo en fuga de lo acostumbrado.
Equipaje de mano sin bultos,
tan desatada y dichosa
que me olvidé las llaves
dentro del hogar que dejaba.
A la acción de correr me lancé
tomando el último vuelo.

IDEAS EN MARCHA

Salir de Baztán el valle
a Baztán, una calle.
Deambular, ver la diferencia
entre habitar en un lugar e irme
o volver y solo estar.
Ir reparando en qué paisajes,
sea en monte, calle, casa, playa
donde me siento a meditar
el tesoro de una relación…
En el silencio lo íntimo guardado
tras un arco en el cielo de sus ojos.
Pastor de ángeles,
los hay caídos en descuido.

Sobre si habrá que articular el paso con medida,
la pisada importa por si caes.

Sobre la incertidumbre,
entretenido es el mar si lo oteas.

Otra visita a la *ama* en campo santo
recordando su voz viva, leyendo su nombre,
la fecha y el adiós plasmado,
para siempre sonreía. Te escucho.

Sobre gente que pasea y en error
exhibe la fealdad del desaire molesto,
saca el perro, el nervio sin control.
Entre ceja y cejo la miopía.
El paseo tuvo la intención del cuerpo en aflojar.

Ya la vuelta a casa
para en zapatillas bailarlo todo,
lo vivido a la espera de más notas...
Hábilmente todo se puede bailar,
abanico posible de palabras y pasos
que destilan amor.
Espirituosa y embebida me lean tus labios.
En la lumbre del fuego esto doy.

AZUL

No es por casualidad
que el azul de tus ojos
te haya dejado frente al mar,
para después de ese tiempo de mirar
las olas en romper
desaparezcas por un rato en su mecer
y ligero se te sienta
por las costas de mi ser,
mi bien.

Despejada la mañana
tras un limpio cristal,
haces tu ritual de levantar las ganas
y de nuevo a trabajar,
a entablar la relación paciente,
a paciente a relajar
su ansia y su dominio
con fuerza amable en soportar.

Y vueltos los pasos a dar
a ese hogar de paredes de mar,
buscas la paz
en bocanadas de sal, de luna,
mas la oscuridad que entraña el mar
en tus ojos apagar.

UNA MOSCA

Una mosca de mascota, cerca de la lámpara
en la mesilla de noche, la luz es su vida,
la anima en su volar errático,
si la apago la oscuridad nos parará
y caeremos en el sueño,
ella a una quimera casi negra,
a mí, algo de luz me traerá
imágenes que como reales
me enseñaran hacerlas parte de la vida que me toca.
Si a estas visiones me vuelvo
y las miro desde el negro
al color de los mismos sueños,
podré observar la palma de mi mano
sin asustarme de soñar en su lucidez, la mente.

DE LA CALMA

Echar el rato a escuchar la sosegada melodía
entre el intervalo de lo ocupado y lo que siga.
Toca, toca parar, tocar la nada,
hacerla algo que como deporte es de no riesgo.
La palpo y duele,
la humedezco con una a penas lágrima
para cambiar a otro estado
libre de temblores, ecuánime.
Con el nombre y lo que soy, me sé latir
y en vida continuar en el armónico contacto
que tu mirar me regala.

LLANTO

Llorar es una habilidad
adquirida al sostener
la emoción de cerca,
suspendida hasta la gota
que colma la fortaleza
de quien la sujeta
y ablanda sus labios,
su implícita ternura.
Gotas brotan desde el anhelo lo añorado,
surcan mejillas mojando.
Con el aire ahogado,
después suspirado,
al espacio lo que es del aire,
al aire lo que se agita,
al agua lo que es humano
y al fuego lo que este transmuta.
A la tierra lo que acaba.

LUCIDEZ

Se iluminó tu cara
en el momento justo
cuando el tiempo se paró
y dejó de ser obstáculo
para sentir el aliento tibio
que por dentro te mece
y por fuera se revela
con el rubor cálido
que tu sonrisa muestra.
Llegada la alegría
a ser sostenida
por un tiempo al menos,
tranquilos los deseos y las aguas
en remanso sabio
de lo que vino a ser solo
ese espacio.

ELEMENTAL

Fuego, toma algo hermoso,
cambia su forma en esencia
elemental para la vida, que en verde puede vivir
y en el aire alguien la alienta.
Nuestra ofrenda crepitando en tu calor.

Tierra, da lo que siempre has dado
de la morada oscura del sustrato
al paso por aquí abajo,
en tu manto acurrucadas.

Viento, lleva la fragancia de lo puro
del primer olfato a la mesa compartida de las flores
y peina el ritmo que nos mueve,
en cada tacto convertido.

Agua, empuja el motor sumergido en tu entraña,
sacia hasta las lágrimas de agradecidas muestras;
borboteo que derramas.

Espacio, inasible lugar de absoluta naturaleza
donde nos encontramos.
Acógenos conteniendo lo por ti creado
y ya entender tu significado.

RELATIVO

La hora paciente
con cada minuto
que toma nota
del segundo a prisa.
Mas si la esfera del reloj estalla,
qué quedará sin tic-tac
ni aguja que detrás empujaba.
No hay anticipo ni premio,
no hay espera,
nada hay si no la entrega
al sutil preámbulo, del devenir la antesala.
Y el tiempo dichoso,
dichoso marcha hasta siempre.

FOTOGRAFÍA

La imagen de un árbol desde el cajón abierto,
sale del papel a tu memoria
de aquel día de sol en Noviembre.
El árbol amarillo parpadea a la máquina,
marchita sus hojas al olvido
no guardado de su imagen.
El *clic* atrapa lo que puede,
hasta siempre, el siempre de a veces,
a una ocasión próxima que se abra
al recuerdo del que fue
y hoy es madera de armario
en su cajón guardada.

DELANTE

Al tiempo en que los pies avanzan
a un ritmo que ellos saben,
el acuerdo en atender al cuerpo que me alberga,
a mí, la que pregunta en fuerza desatada.
Hasta que di de frente con un quieto aspecto
girando sobre mí o sí y ahí estaba
el espacio acogedor que me aguardaba.
Frente a ello quedo,
saboreo un estar abierto
donde las cosas se hacen y son sin pausa,
se suceden, pasan y cambian y cambian.
Cambian.
Flor, cosmos que en violeta cambia.

MORIR

La muerte guarda su secreto en comprenderla,
mucho es querer verla;
abres el secreto a lo no permitido porque duele
y saltas la cuerda que es contante,
larga y no se rompe.
Más larga que la vida infinita
al haberla en lo consciente.
Eslo.

ESTANQUE Y GRAVEDAD

En su estanque soltar el viejo amor
con los demás cisnes solitarios,
así se cure de una derrota,
muerte que ya es parte de la historia
contada para mí aquí,
dicha para que se sepa de ti.

La gravedad ejerce su rasgo,
su peso en el cuerpo.
Lo grave se añade,
se buscan los cinco pies de un gato afectado
o lo que el subalterno gusta
y en educada voz, herida según la escucha,
ésta acaba diciendo: miau la lengua es mía.

De la gravedad utilizad su empuje,
que hacia el cielo la cabeza toque su aire azul.
No quered daño sobre ninguna relación
ni dolor en el rol que se precie,
mi amor quiere ser su amor
y entre ambos sostenerlo al encarnarse.

NO

No, empieza con n,
no existe lo feo sino lo feliz,
feliz en reclamar
el derecho en recordar
que soy el albedrío suelto
que sin contar los días
sin número cuenta las olas
de paseo por el mar.
Un verso con el principio de un no
violenta sin darse cuenta
al niño durmiente que no quiere despertar.
No dar un sí
cuando el no da rotunda respuesta
concisa y final,
un no al inmundo cruel,
así sí, mas se sepa decir cuando
ya que un no por el principio
corta el agua de la acequia al pasar,
y no, acaba en ohhhh.

AMARTE

Amar en soledad y decirlo en la pared,
más cierto que parecido y aparecer.
Con mi compromiso que tomo a lomos del querer
de que el amor que proclamo sin ruidos
sea para mí, mi amor propio mismo,
el mismo que te profeso
y proyecto desde mi espejo
viéndote en él bien guapo, como eres,
bien bueno y amante de mis misterios
a la luz de tus ojos.
Y el camino en carretera sea hecho
en estela recorrida
una vez que se toquen los labios al verse
y el total de quererse no sea desear ser amada
pero que sí, me ames.

ALEJAR

Alejar tu niñez al haberte ido,
dejar huérfanas las muñecas de trapo,
mustias, maltrechas dentro de un tenue cuarto.
Cansadas, olvidadas,
en qué esperar postrero reposan en tu espera.
Una vez las sueltas enmudecen lánguidas,
sus caras cuando las miro
me dicen de mí, de ti.
Hoy en la misma casa que austera te recibió
haciéndose entera con nosotras dentro,
la casa cobijo de niños truanes
y niñas princesas estoicas,
recuerdo de un refugio de montaña,
miro a derredor y qué hago con todo
juguete, libro, trasto, útil de cocina, botella,
frasco que tu querías para nada.
Ahora en talle seguro
te haré un regalo cuando te corone
tu cabeza con mis labios.
Posándose queden las frentes,
gen e historia mutua y compartida.

AITA

El pasado se condensa un momento
acordándome de él, contigo enfrente;
cruzan las miradas en tránsito,
vagamos por lugares de siempre,
siempre que al mirar al cielo
el milano también pasa
reconfortándonos,
nos saca una sonrisa alada.
Bien que está todo guardado,
poder sacarte a la luz de las memorias
para que no queden otros recuerdos encima de ti.
Lo nítido de tu pelo y barba
resultan en el tacto un roce
y en mi nariz, un olor evocado apenas real
que ya fue.
Luego tenues las estampas, sin brillo y en sepia,
queda agradecer que me vengas sin aviso,
que asegures mi paso adelante,
saber que fuiste para alimentarme,
darme la mano y soreirme y hoy te lleve;
piel, gesto y motriz.

TENTE BIEN

Tente bien de pie frente al devenir
que te lleva hacia adelante,
al futuro fondo y sus causas
donde la mayúscula sorpresa de lo incierto
quedará prescrita,
una vez que tu sonrisa se establezca,
las plantas de tus pies
den cuenta de la tierra donde pisen
y del hueco entre tus labios
al volver el mes de mayo,
las golondrinas se asomen,
pueblen el cielo de tu mente.

CISNE

Ser el Patito Feo,
al realizar la sorpresa
de que al expresar mi estado
apoyada en él,
de un claro reflejo
surja encantada una niña
y sin temor a quienes miran
despliegue su sonrisa,
confiada a ser reconocida
para que su cisne eleve su vista
a su horizonte total.

TRAYECTOS

Entre lo redondo y lo recto,
un cambio de sentido permanente
deja al primero de vuelta a su principio
y sin llegar el segundo
a ninguna parte que supiera.
De continuar la recta, ¿dónde se sabe acabar?

A ningún lugar, solo donde traza el lápiz,
apresurar a destapar lo cubierto,
que no quede en el suelo bajo qué alfombras.
A la luz a desvelar los entresijos nublados
por la razón que bloquea
al espíritu hambriento de aventura
en su terrenal y evanescente caminar
que se nos irá a otros lados a ser.
Si este pisar de pie treinta y ocho
me da pistas al recorrido que oteo,
en el momento quedo,
disponible a abrir los brazos
anchos de pasión abarrotados
y espacioso anochecer.
Acojo esta visión
en la penumbra de una pequeña lámpara,
me ayudo a proseguir lo que luego apagaré
para ver más en el fondo dormido de los sueños.

FOLIO

Cuadrícula ocupada,
espacio cedido a costa de otra cuadrícula.
Figurarse sin líneas rectas, sin verticales,
con la seguridad de un obstáculo menos,
ni arriba, ni a los lados,
no más abajo,
solo lo diáfano a la espera de ser conquistado
por la forma y lo sólido de tu presencia.
Un movimiento empuja cortando el aire,
el corazón circula su entramado,
despide su atracción por todos lados.
Hierro rojo, magnetismo, desde siempre e inacabado.

DE DIOSAS Y A DIOSES

Por ahí los dioses se van, a veces
a compartir el placer de verse
bien juntos.
Luego una distancia de una hora en coche
les separa hacia el sosiego palaciego de sus casas,
lejos.

A mí de cerca me gusta más verte.

Los dioses que viven tanto
veneran el amor hasta encarnarlo,
de sus placeres desaparecen en su credo.
Yo como Dios me quedo al verte
y en un adiós volverme en Diosa hecha,
amarte quiero.

MATINAL

Madrugado espabilar que escucha el gorgeo
de otro día nuevo en los pájaros,
con el sol entrando en casa abierta.
Vivo en un lugar donde al asfalto le sale hierba
en sus bordes
y la ordenada urbanidad se borra en unos pasos
monte arriba.
Por aquí andan sueltos versos
en los paseos que dan al río,
vienen al camino en frases amontonadas,
a su encuentro me dicen que los tome.
Uno dice: préndeme que si a las palabras juegas
me hago lumbre en tu boca,
modulándome suave
y blando como un pecho.
Al ser este el mío,
lo dejo en mi amor contado.

HECHO

La realidad se construye
desde hace tanto elaborada y sin medida
que al notarnos
transcurre la noción del tiempo
surgiendo urdimbre y trama,
una fórmula magistral en esfera de cristal
acabada nunca y nunca empezada.
Otra vez ahora empieza todo
en la pequeñez de un día dentro del firmamento,
lo es tal por cómo se aprecia
el apremio en que se vuelve la vida.

Mas aquí cerca en las aceras
solo un alma vaga sola
pronto a la mañana,
tan real por cómo me emociona.
Bien su imagen mis ojos la guardan
y de mirar reconocen lo que al cuerpo agrada,
unas sienes preciosas en plata
portando un lápiz cual carpintero,
oreja que bien encaja.
De mirarme reconoce su existir
en lo que a mi cuerpo agrada.

PATIO INTERIOR

Liz, ropa tendida,
personajes de tela por pinzas suspendidos,
olores a aceites calientes, chisporroteo,
radio, loro, radios,
tejabana que oscurece
las soledades compartidas en el patio.
Hay un santo bendito
en cada ventanuco
y él no lo sabe,
posan unos ángeles en el suelo
que alelados miran arriba
a que se abra el cielo.
Santo bendito y ángeles, juntos esperan
que sus vecinos los miren
y reconozcan sus alas
y vuelen sus penas,
se haga el sol en sus casas,
lo justo se establezca en sus vidas
sin freno de sufrimiento humano
en lo que ufanos hacían;
amarse pautando la energía
a golpes de necesidad.

ENCUENTRO

En reverencia a tus pies desnudos
que de fuertes raíces,
nervadura de planta, presencia sostenida,
admiro tu porte de torso amaderado
y embergadura de abrazo.
De bajo tuyo a disponer de la fresca de la tarde
aliento el ánimo y a visitarnos a ambos vengo,
a ti que de sombra mi piel cubres,
a mí que en luz me traigo,
en mis ojos te la acerco.
Tu nombre es árbol y el mío mujer,
una cita entre espesura y luna naciendo
con el testigo del sol.
Quedo abierta
para observar el impulso que te hace ser
y en silencio dejas ver.

ATENDER

Leer de la lista del hacer
y de lo escrito léeme en alto
para un claro entender
y en tu voz, su vapor
ha de condensarse en mis labios.
No permitir que se seque o estanque
el agua de las musas,
mojarlas en saliva y sudor
y atentos echar freno al impulso egoico
por si se precipita y de bruces
cae.
En sus deseos, el hambre no sacia la oruga
que come la hoja fresca donde saber morar.

RÁFAGA

Viento a rachas del que derriba,
al ras de tierra los maleolos titubean,
desajustada gravedad
que incomoda y no asegura nada.
Empujada ir, o esperar a la calma guarecida.
Como Sísifo aquel
un bucle el existir,
un relámpago el durar,
una metamorfosis a la espera
en el morir.
Aferro fuerte o fé de mí.

ODA DE CARTÓN

Un trozo recortable
de modesto cartón
de lo más nimio mío
a tus manos tuyo es,
lo paso como señal:
dos láminas y un ondulado interior,
una y dos, surge la suma en tres,
parte y parte y relación
y a desvelar la opacidad
en un solo de claridad,
nuestra longitud de onda
es un pálpito de corazón,
parte y parte y relación
esto es, y ser otra en ella.

EN EL AIRE

Como el ave al árbol es,
en su copa a la distancia,
mira la carretera del humano
que se dirige al servicio de la libertad
y en su panorámica curva hacia lo circular
una cinta desplegada de horizonte en su volar.
Fuga o libertad.

ÍNDICE